CONSTITUTION.

CONSTITUTION,

OU

ACTE ORGANIQUE

De l'état social

PAR L'AUTEUR

DE L'ESPRIT DU DROIT ET DE LA SCIENCE DU PUBLICISTE.

———

L'opinion publique assure le triom-
phe de la raison et sanctionne
les projets utiles à la société.

Toute puissance est soumise à
l'empire de l'opinion.

3 AOUT 1830.

FRANÇAIS!

Il ne suffit pas de combattre pour la liberté, il faut encore l'affermir et la mettre, pour l'avenir, à l'abri de toutes les atteintes du pouvoir despotique ou de l'anarchie.

La charte n'a pu vous donner cette garantie.

Aujourd'hui, surtout, elle ne saurait satisfaire ni vos besoins ni vos désirs.

La garantie qui vous est nécessaire, vous ne pouvez l'espérer que d'une constitution mieux coordonnée et plus complète.

Français! et vous surtout qui possédez momentanément une portion quelconque de l'autorité! Votre devoir est d'y donner toute votre application et tous vos soins.

Pour tout homme qui croit pouvoir émettre quelque pensée utile, c'est aussi un devoir de le faire et de faciliter par-là vos travaux.

C'est dans ce but que ce projet de constitution, fruit de douze années de méditations, vous est soumis.

Puisse-t-il et profiter à la patrie et contribuer à soulager l'humanité!

AVANT-PROPOS.

Qu'est-ce qu'une constitution, ou du moins que doit-elle être? Pour répondre clairement à cette question, dont l'importance est maintenant sentie, il faut user d'une comparaison dont il est facile de saisir l'exactitude et les rapports. Une pendule est un instrument qui doit servir à mesurer le temps; sa destination se trouve indiquée, et par la mobilité des aiguilles, et par les chiffres tracés sur le cadran : mais cette indication ne la constitue pas; il faut surtout que toutes les parties organiques en soient construites avec accord. L'artiste qui veut atteindre ce but étudie la nature, les propriétés particulières de chacun des mouvemens qui doivent entrer dans l'organisation; il calcule et combine leurs divers degrés de chaleur, d'élasticité, de force, de résistance : ou, s'il a négligé de se conformer aux lois de l'équilibre et de la science, vainement affirmera-t-il que son ouvrage est parfait; l'ouvrage ne marchera pas.

Il en est de même, sous un rapport, d'une Charte ou Loi constitutionnelle. Elle est le plan, la description du grand mécanisme nécessaire à l'action du corps social. Il ne suffit donc pas d'indiquer sur le frontispice quelle est sa destination, et d'annoncer que, par elle, les droits de tous les membres de ce corps social seront garantis; que la sûreté, la liberté, la propriété individuelle seront protégées; que les impôts et les autres charges ne seront ni exhorbitans, ni vexatoires, ni inégalement répartis; qu'il n'y aura ni exceptions, ni priviléges iniques et frustratoires, mais bien justice, égalité, protection pour tous devant la loi.

Il importe surtout que tous les rouages de l'organisation, que leurs rapports et leur combinaison soient tels, que le mécanisme ne puisse pas avoir d'autre résultat; tels, que les ressorts, les puissances et institutions soient balancées et coordonnées de manière à ce que l'ensemble, une fois uni et constitué, marche naturellement ёt inévitablement vers le but et pour sa fin.

Ainsi, pour peu que l'on ait acquis quelques justes notions de droit public, on est surpris et l'on serait tenté de sourire lorsque l'on entend dire, ce qui n'arrive que trop souvent, qu'une Constitution, une Charte, une Loi fondamentale de l'état est toujours bonne en soï et suffisante, pourvu qu'on s'y soumette et qu'on l'observe; que le seul principe du mal est dans le défaut d'exécution. C'est tout comme si le mécanicien affirmait que son horloge est un chef-d'œuvre, bien qu'il soit fâcheux qu'elle marche mal ou qu'elle ne marche pas. N'est-il pas évident qu'il n'èn eût pas été ainsi si le mécanisme eût été meilleur, et que du moment où il n'a pas rempli son but ou ne l'a atteint qu'imparfaitement, c'est qu'il était vicieux en quelque point.

C'est aussi ce qu'avait dit Necker, lorsqu'il s'exprimait ainsi : « Il y a véritablement une sorte d'imbécilité à solliciter la subordination comme un complément de la constitution, comme un hommage à lui rendre; tandis qu'elle

en doit être l'œuvre et le résultat. Quelle est
en effet l'obligation imposée à l'instituteur d'un
ordre social, à son premier fondateur? L'on
attend de lui, l'on exige de son génie que, par
un profond sentiment des hommes et de leurs
passions, que, par une savante organisation des
forces et des pouvoirs, il fasse naître cette
obéissance, il garantisse cette soumission, et
qu'il y parvienne sans porter aucune atteinte à
la liberté. Voilà les deux conditions qu'il doit
remplir; s'il manque à l'une ou à l'autre, il
n'a rien fait, et l'on voit clairement qu'il n'a
pas connu l'étendue de sa mission, ou qu'il n'a
pas eu le souffle nécessaire pour arriver jusqu'au
terme. »

Messieurs,

La Session actuelle de la Chambre des Députés doit, par de déplorables antécédens, présenter un grand caractère dans les discussions qui y auront lieu, dans les développemens curieux, et probablement extraordinaires qui y seront faits, et par les résolutions importantes qui y seront prises sans doute dans les intérêts généraux de la France, ainsi que dans l'esprit de dignité qu'elle doit maintenir parmi les puissances civilisées.

Tant de maux à réparer, tant d'abus à détruire, tant de vexations à faire disparaître, tant de despotisme occulte à terrasser, laisseront-ils assez de temps à tous les orateurs du bien public, pour dérouler toutes les parties du tableau hideux, et encore occulte de la misère publique?...... Oh ! non. Tant d'intérêts majeurs tels que le budget, la guerre, (*) l'instruction publique, l'organisation municipale, les élections et autres choses aussi importantes n'absorbent-ils pas tous leurs instans ?......

Dailleurs, est-il en la puissance de l'homme (si fort et si faible... si grand dans ses conceptions et si petit dans l'exécution... si fier et si rampant... si généreux d'un côté et si sordide de l'autre... si ambitieux dans la prospérité et si modeste dans l'adversité...) de tout voir, de tout entendre, de tout embrasser ?..... hélas ! non, quelque soit la transcendance de ses facultés. Il est réduit à des forces qu'il ne peut dépasser et sa petite puissance, malgré tous ses efforts

(*) A t-on bien réfléchi en embrassant une cause qui était totalement étrangère à la France, sur les résultats qui pouvaient en dériver? A t-on pensé à notre commerce du Levant? A t-on pensé qu'après nos trois colonies en Amérique, une en Afrique et une dans l'Inde, il ne nous restait d'avantageux que nos rapports avec Smyrne?...

Une opinion d'opposition n'a t-elle pas été trop prépondérante ?

Dans une telle guerre, la France n'a t-elle pas à craindre d'avoir plus à perdre qu'à gagner?...

Heureux si nos prévisions sont démenties.

ne peut soulever le poids de la puissance supérieure à tout qui pèse toujours sur lui...

Notre but est donc (dans notre isolément où borné à l'observation depuis long-temps, nous observons beaucoup de choses qui peuvent échapper aux autres, même à ceux plus instruits que nous) de développer aux yeux des législateurs et du gouvernement, qui paraissent aujourd'hui avoir le même but réparateur, les *causes* générales et particulières qui rendent aussi hideux le tableau de la misère publique.....

Indiquer ces causes, avec une âme consumée pendant plus d'un demi-siècle, de l'amour du bien public, de l'amour de tout ce qui est juste, grand, plein de dignité et qui tend au bonheur commun, enfin de *l'amour du mieux possible*, nous serons peut-être accusés d'exagération?. . Non, car quelque soit la franchise que nous y mettions, quelque soient les vérités que nous émettions, quelque soit l'énergie de nos expressions, nous ressemblerons aux peintres et aux sculpteurs qui font tous leurs efforts pour imiter la nature et qui toujours restent au-dessous.

Notre tâche sera pénible, parce que notre âme est fortement affectée ; mais nous nous consolerons promptement si notre voix est écoutée de tous les côtés français, si les remèdes *possibles* sont habilement appliqués, si enfin il en résulte un mieux possible pour tous les citoyens de notre belle patrie !.....

Nous aurions désiré, par notre caractère impartial et formé sur les principes invariables de l'immortelle raison, de traiter notre sujet sans froisser ou les amour-propres ou les intérêts, ou les caprices, ou les manies, ou les opinions d'opposition de beaucoup d'individus, mais l'objet est bien trop grave pour garder ces considérations... Il faut donc nécessairement ; mais avec regret, heurter ; il faut frapper ; il faut blesser même... l'intérêt général le commande... le noble motif qui nous dirige nous justifie (*) et nous parlons.

Nous ne nous jetterons pas dans un dédale de *mots* qui, sans vouloir jouer sur les expressions, (**)

(*) D'ailleurs ceux qui s'en plaindront pouvaient en conscience empêcher le mal, et nous nous estimerions heureux s'ils nous eussent épargné la fatigue chagrinante que nous donnent d'aussi tristes sujets et sur lesquels nous nous croyons forcés d'appeler l'attention plus particulière et des législateurs et du Gouvernement.

(**) Vice de notre langue qui, quoiqu'on en dise,

par trop souvent engendrent et produisent beaucoup de *maux*, ainsi que l'expérience de tous les temps le justifie : mais nous aborderons aussi succintement que possible, notre sujet. Nous ne visons point à l'esprit dans une matière où il ne faut que de la raison et du bon sens : nous ne voulons dire que des vérités exactes, palpables et *nous désirons être compris de tous.*

Ne nous y trompons pas, les causes de la misère publique ne dérivent pas des circonstances auxquelles on les attribue généralement, ou plutôt nous pensons que l'on se trompe sur ces causes ; c'est ce que nous croyons et ce que nous devons prouver.

Les uns disent; c'est la faute du gouvernement si les affaires ne vont pas, si la misère est grande etc. etc. : d'autres, et c'est le plus grand nombre, attribuent cet état de chose à ce qu'ils appèlent la Congrégation, les Jésuites, les Missionnaires et autres classes obscures ; d'autres aux huissiers porteurs de contraintes et autres choses qui s'arrondissent de la misère du

n'est guère plus équivoque que les autres langues ; car nous avons joué également sur les langues du Nord, lorsque nous voulions nous en donner la peine.

temps ; d'autres enfin s'imaginent que le mal dépend des Chambres des Pairs et des Députés et qu'elles doivent avoir assez d'influence près du gouvernement pour faire changer en bien ce qui existe en mal. Hélas ! nous ne sommes plus au temps des nôces de Canaan, car alors nous pourrions espérer, pour faire tomber toutes ces opinions, qu'un législateur transcendant pourrait changer *nos effets* aujourd'hui *non escomptables,* en monnaie courante.... et certes la misère publique fuirait bien vite loin de nous.

Abordons ces causes générales et réelles de la misère publique qui n'est aussi que trop réelle !.. abordons-les en abandonnant le prisme si trompeur des illusions sociales... abordons-les avec cette espérance si douce et si consolatrice qui, calmant d'abord et annihilant ensuite nos douleurs aiguës , nous présentera la perspective d'un avenir souriant et enfin aussi heureux qu'il serait possible *si l'on voulait...*

Ces *causes générales* sont 1°. *l'Immoralité,* qui s'est insinuée dans *toutes* les classes de la société et qui les dévore sans qu'elles y réfléchissent , tout en éprouvant le commencement de ses funestes résultats..... Sans morale point d'ordre pu-

blic, point de respect social, point de religion.
La morale est la base des sociétés et des gouvernemens. Par conséquent, dès que cette base
est sapée, elle croule avec tout ce qu'elle sup-
portait et tout rentre dans le chaos des révolutions !....

2°. *L'égoïsme*, qui étend son empire despotique
sur les classes qui devraient et pourraient avoir
le plus de philosophie et de philantropie .... Les
exceptions sont grandes ; mais elles ne l'empor-
tent pas dans la balance des règles.....

3°. *L'usure*, dont les esclaves nombreux et au-
dacieux augmentent en raison directe de l'ex-
trême misère et osent braver l'opinion publique
jusque dans le sanctuaire des lois et de la religion.

4°. *L'excès dans le prix des loyers.* Cet excès
produit la ruine de milliers d'honnêtes familles et
n'atteint jamais les fripons....

5°. *L'exhorbitance des contributions.* Cette
exhorbitance serait peut-être supportable encore,
si l'assiette des charges était bien coordonné à la
fortune réelle ou industrielle de chaque habitant.

Ces causes générales indiquées, nous devons sub-
ministrer nos preuves, quoique les effets soient là...

sous les yeux de tous.... palpables, pour ainsi dire, de toutes parts, et moralement et physiquement; voici nos preuves :

Douterait-on de l'existence et de l'influence de l'*immoralité* ?... Il est vrai que, malgré les lumières du siècle, on doute de tant de choses !.... N'est-elle pas là de toutes parts ?.... Dans les conventions, dans les transactions, dans les traités, dans les marchés, dans les ventes, dans les relations même de l'amour et de l'amitié ?... Aujourd'hui tient-on à sa parole, à ses engagemens, lorsqu'on a les moyens d'y tenir? Ne voit-on pas à tous momens des propositions faites, suivies, débattues, liées, sur le point de se terminer et échouer *sans motifs plausibles*, par la seule volonté capricieuse ou fluctuatile d'une des parties?

Ouvrons le livre des transactions, qu'y voyons-nous? Des actes où devraient régner la bonne foi, souvent ne renfermant, au lieu de clauses claires, simplement exprimées, que des clauses obscures, ambigues, équivoques, qui donnent aux intrigans ou aux fripons, les moyens de tromper l'homme candide qui s'abandonne à cette bonne foi qu'il croit exister chez les autres comme dans son cœur....

Portons-nous dans les bourses.... Combien d'intrigues employées par les agioteurs, pour faire hausser et baisser les fonds publics, en répandant des nouvelles trompeuses!.... Encore si ces intrigues n'agissaient que sur les joueurs, sur ces hommes avides d'un or qu'ils entassent et qu'ils laissent en mourant, malgré l'amour qu'ils lui portent.... l'homme de bien se consolerait; mais ces intrigues, mais cet agiotage n'atteignent-ils pas d'une manière plus sensible ces rentiers, ces artistes, ces marchands, ces pères de familles forcés souvent de vendre le produit de leurs économies, soit pour faire face à leurs affaires, soit pour payer l'excès des contributions auxquelles ils sont imposés, soit enfin pour soutenir l'existence gênée de leur famille !

Que les observateurs réfléchis et impartiaux nous disent si nous nous trompons.

Nous l'avons repeté cent fois, et nous l'écrivons en caractères ineffaçables, tant que dans les sociétés civilisées on entendra ces deux expressions à la mode, si répandues dans toutes les classes : *faire mousser et enfoncer*, l'immoralité existera et croîtra, jusqu'à ce que portée à l'excès, il y ait une éruption morale telle que celle physique des volcans !

Ne donne-t-on pas sa parole d'honneur comme on donne un bonjour ? Ne la voit-on pas même donner avec la volonté ou la certitude de n'y pas tenir ? Regarde-t-on un serment comme sacré ? Et si on le regardait comme sacré, oserait-on le rompre dès le lendemain ? Quels exemples affreux pour la jeune génération !.... en prévoit-on les résultats ?

La mobilité et la versatilité des idées, l'état d'incertitude, d'indécision dans presque toutes les têtes n'annoncent-ils pas l'influence de la démoralisation ?

Douterait-on de l'existence de l'*égoïsme* ? partout n'entend-on pas dire et répéter à l'envie : » *primo mihi* ? moi avant tout, et *a parte* : que » m'importe le sort des autres, pourvu que je ne » me refuse rien : ils seront ruinés par les pour- » suites judiciaires, les charges, la stagnation des » affaires, etc., je m'en moque pourvu que je sois » payé, que je réussisse, etc., etc.... Je m'éta- » blirai là.... Je ferai *mousser* mon établissement, » j'*éblouirai* le public curieux et j'*enfoncerai* mon » voisin ! »

Et ce langage est écouté.... toléré.... il fait même rire.... encore si c'était le rire de la pitié ; mais le rire de l'approbation !.... Certes, nous savons excuser les travers de la société, comme nous sommes aises de voir supporter les nôtres ; mais il est des bornes de grosse morale, qu'on ne doit pas dépasser, si l'on veut conserver l'ordre et les convenances établies et indispensables au maintien des sociétés.

L'égoïsme n'est-il pas le frère consanguin de l'usure ?... ne tendent-ils pas au même but ?... les résultats de leur action ne sont-ils pas les mêmes ?

Qui oserait soutenir que *l'usure* n'existe pas ? qui pourrait ignorer que des gens mêmes famés et considérés en sont les vils esclaves, et des milliers de gens honnêtes les victimes ?

N'a-t-on pas l'assurance que dans tous les quartiers de Paris (nous pourrions même indiquer les rues et peut-être les numéros), on prête *sur gages* d'effets ou de marchandises , au taux épouvantable de 2 , 3 , 4 et même 5 pour cent *par mois.*

Si ces lamproies sociales prêtaient *sans gages* (comme le font plusieurs au taux modéré de 400 pour cent par an !.... ou 20 centimes par semaine sur chaque pièce de 5 francs !....), on pourrait leur pardonner leur rapacité, puisqu'ils n'auraient aucunes garanties ; mais avec des gages, souvent double et triple des valeurs confiées..... comment les malheureux emprunteurs peuvent-ils rendre ?.... souvent ils ne le peuvent, et leurs gages sont confisqués, vendus au profit de ces usuriers, que nous comparons aux requins de la mer, qui avalent tout ce qui se présente à leur gueule gloutonne, de ces usuriers qui ramassent en peu de temps, une fortune qui demanderait 3o, 4o, 5o ans de travaux, de soins et d'économies !.... Que de familles honnêtes ainsi ruinées et réduites à la plus affreuse misère !.... et l'on voit ces usuriers oser aller profaner les autels du Dieu des heureux comme des malheureux !

On nous objectera que les *Monts-de-Piété* sont là.... Oui, ils sont là.... mais non d'après le but de leur institution. Les instituteurs voulurent faire la guerre aux usuriers qui au XIIIe. siècle pullulaient comme au XIXe. siècle, et pour les atteindre, dans leur endroit sensible, ils instituèrent les monts-de-piété, pour prêter au taux modéré de 5 et 6 pour cent, tout frais compris.

Aujourd'hui cet intérêt est porté, pour le grand mont-de-piété, à 12 pour cent à l'année, et jusqu'à 22 pour cent, lorsqu'on retire au mois !.... pour les petits, il varie de 18 à peut-être 30 pour cent !.... et dans de certaines villes de département il va jusqu'à 36 et 42 pour cent !!!

De plus, les familles qui ont besoin, que peuvent-elles avoir aujourd'hui dans le grand comme dans les petits monts-de-piété? Si elles ont de l'argenterie, encore passablement, des bijoux, peu de choses.... des effets, presque rien !.... Aussi le porteur revient-il dans sa famille avec de grosses larmes et de très-petits secours....De gros soupirs.... des gémissemens, des besoins.... sont les scènes que présentent à chaque heure des jours les monts-de-piété.... Voilà des vérités qui ne sont pas assez connues, et qui doivent l'être.... C'est aux Députés de la France à les connaître.... et c'est à Eux que nous laissons l'initiative près du souverain qui veut mériter le beau titre de réparateur des maux qu'éprouvent ses enfans !

Que diraient ces instituteurs bienveillans, qui attaquaient, quoiqu'indirectement, le mal dans ses racines, en voyant que les monts-de-piété méritent aujourd'hui l'épithète de *monts-de-pitié* ?... ils tonneraient !..... et auraient-ils tort?...

Un habitant de Paris a dit, et cela nous a paru d'autant plus extraordinaire qu'il a arrondi son aisance par l'usure, mais à la vérité sans gages : » *Les monts-de-piété sont les entrepôts généraux* » *des misères sociales.*

La 4ᵉ. cause générale est le *prix excessif des loyers.*

Dira-on (les propriétaires exceptés bien entendu, parce que tout sérieux que cela soit, ce serait par trop risible) que le prix des loyers n'est pas porté à l'excès?.... soutiendra-t-on que cet excès n'est pas encore une des causes de la misère publique?

S'il y en a qui repoussent cette assertion, qui n'est que trop exacte, certes ce ne seront que de ces parvenus, riches depuis hier, qui ignoraient il y a 30 ans ce que c'est que propriété, et qui aujourd'hui croient que, pour bien jouir, il faille écraser les locataires.... Sous l'empire romain, ce système ne leur eut-il pas été funestes?.... Si les lois françaises poussent à l'excès le respect dû à la propriété, les propriétaires ne devraient-ils pas avoir les mêmes égards pour les locataires ?

Les loyers ne sont-ils pas doublés presque

partout ? et les fortunes sont-elles doublées ?.... isolément oui : généralement non, et bien s'en faut. Chaque famille pour pouvoir prospérer un peu, ne devrait payer que du 8ᵉ. au 10ᵉ. de son revenu positif ou de ses produits industriels. Hors de cette proportion, il en résulte gêne et ruine avec le temps.

Nous indiquerons plus loin, les moyens de porter remède à ce mal affreux, à ce cancer qui épuise, exténue, et dévore les fortunes de la généralité.... pour les réunir dans quelques mains.

Abordons enfin la 5ᵉ, cause générale, *l'exhorbitance des contributions.*

En bonne administration générale ou particulière, le point important est de *régler les dépenses d'après les recettes.* Ne fait-on pas le contraire dans ce siècle ?.... Ne voyons-nous pas presque partout vouloir fixer les recettes sur les dépenses ?.... Cette méthode ne peut-elle pas encore tuer le crédit public ?

Eh bien ! nous osons le dire, tant que ce système déplorable existera, il y aura misère publique.... et elle sera plus grande....

Oui, dans l'état de civilisation actuelle qui a opéré une perte considérable de débouchés, que la France avait il y a quarante ans, dans toutes les parties de l'univers, tant que la France devra payer près d'un milliard de contributions, ainsi qu'elles sont établies, il y aura une grande misère publique.... et nous le prouverons.

Nous ne pouvons mieux comparer l'état de nos finances qu'à la fable du paysan et de la poule aux œufs d'or.

Si ce paysan eût laissé sa poule pondre paisiblement ses œufs, elle ne se serait jamais épuisée et il aurait conservé sa richesse modérée. Il voulut tout d'un coup jouir de tout l'or que sa poule renfermait, il la tua, et avec elle disparut l'or, l'aisance et les espérances.....

Nous entendons dire, surtout par les gens qui ne sortent guère ou jamais des salons dorés :
« Une preuve que ces contributions ne sont pas
« trop élevées, c'est qu'elles se payent régulière-
« ment, facilement ! ... Donc, il n'existe pas de
« gêne..... »

Elles se payent régulièrement ?..... facilement ?.....

Oui, *en réalité* par les gens aisés ;

Oui, *en apparence* par les classes inférieures;
Par conséquent, *Non par la majorité* !....

Oui elles se payent, par la majorité, après des sommations *sans* frais qui sont suivies rapidement par des sommations *avec* frais et pour lesquelles MM. les percepteurs sont très-exigeans, parce que leur intérêt particulier y est fortement prononcé, et trés-précipitamment par la voie (qui certes n'est pas celle du salut des contribuables) des contraintes.

Daignez écouter, Messieurs, ceci mérite encore votre sévère attention.

Qu'arrive-t-il à l'aspect des sommations avec frais ?... Les contribuables ainsi pressés, embarrassés (parce que s'ils avaient eu les moyens ils auraient évité ces frais, cette augmentation de dette) doivent faire ressources, soit en vendant à perte leurs marchandises, soit en portant dans les Monts-de-Piété leurs effets même les plus nécessaires !... C'est ainsi que les contributions se payent régulièrement et facilement. !.....

Et si les contribuables ne peuvent prendre l'un ou l'autre de ces deux partis, également ruineux, ils sont exposés à ce qui arrive chaque jour, à la saisie, à la vente de leurs meubles et à une ruine totale !! .....

Il est vrai qu'on nous objectera trivialement que les hospices et les dépôts de mendicité ne sont pas faits pour les chiens ! ..... Nous le savons ..... et nous ne le savons que trop pour le bonheur des sociétés civilisées ; mais nous savons aussi qu'il faudrait doubler, tripler, quadrupler même tous ces monumens des misères humaines, comme il en faudrait faire autant pour l'agrandissement de Charenton, afin que cet endroit devint une des villes du premier ordre ! .....

Croyez-vous actuellement, ô hommes qui ne parcourez pas comme nous tous les rangs de la société, que les contributions se payent si facilement sans de funestes résultats ?

Combien n'avons-nous pas vu de contribuables se priver, eux et leur famille, des objets indispensables à leur existence ou à leur conservation, pour payer ces contributions qui se payent, dit-on, si régulièrement ! ......

Que résulte-t-il de ces trois dernières causes

générales?.... Que les pères de famille ne peuvent plus imiter leurs ancêtres qui, chaque année, parvenaient, par leurs travaux et leurs économies, à former le trousseau et la dot de leurs enfans !... heureux déjà ceux qui peuvent mettre les deux bouts ensemble sans toucher à leur avoir; mais combien y en a-t-il qui sont forcés à épuiser dans le présent ce qu'ils espéraient réserver pour l'avenir ?.....

Exagérons-nous les maux ?... hélas ! vous qui doutez, venez voir.... Tels qu'Asmodée de Lesage, nous vous ferons pénétrer dans les intérieurs... nous ouvrirons les portes des armoires.. nous souleverons la couverture des lits, et vous n'y verrez que des grabats... nous ouvrirons les caisses.. et les bourses vuides vous prouveront que *l'usure*, *l'excès des loyers* et *l'exhorbitance des contributions* sont bien trois des causes générales de la misère publique....

Depuis plusieurs années nous avons voulu prouver que chaque citoyen (passible de toutes les charges directes et indirectes) payait 80 pour cent ou de son revenu ou de ses produits industriels !... Calculateurs curieux, prenez la plume et voyez.

Aux cinq causes générales que nous venons de décrire, en dérivent plusieurs particulières non moins funestes, sur lesquelles nous sommes aussi forcés de nous arrêter et de nous étendre, avec encore l'espoir que ce ne sera pas vainement.....

De *l'immoralité* découlent les vices dont les effets se multiplient chaque jour. Mauvaise foi dans presque toutes les relations ; incertitude, balancement, retractation, fluctuation continue dans les idées, dans les pensées, dans les affaires. Ton irrespectueux envers les parents, les vieillards, les femmes honnêtes, les hommes élevés ou par leurs dignités ou par leurs talens. En se croyant l'égal de tout le monde, un jeune homme, encore imberbe, se dit philosophe sans se douter que *la philosophie est l'exercice de la sagesse et la pratique de toutes les vertus !*. ... Aussi que voyons-nous ? des milliers de philosophes de nom et quelques-uns seulement, parsemés çà et là, qui prouvent qu'ils méritent ce titre par leurs actions tel que le vertueux pasteur du *Ban-de la-roche* dans les Vosges...

De *l'égoïsme* découle cette indifférence apa_ thique pour les affaires publiques, pour la grandeur et la diguité de la france, pour les progrès des arts, des sciences et de l'industrie, pour la prospérité de toutes les branches de la société, pour les liens et relations de famille ou d'amitié ; enfin pour les moyens de remédier aux maux des classes inférieures...

De *l'usure* découle cet esprit d'intérêt qui gagne toutes les têtes, même des jolies femmes et des enfans. Les unes parlent affaires dans leurs boudoirs et les autres avec leurs poupées. On calcule qu'en plaçant ses épargnes ou son excédent à 24 pour cent par an, on pourra acheter de jolis meubles, des cachemires, des schals de crêpe de la Chine et de très-belles poupées...

De *l'excès dans le prix des loyers*, découle cette espèce d'audace dangereuse dans les affaires. Sans certitude on risque de payer avec l'espoir incertain de réussir, puisque cela dépend du caprice de l'impulsion donnée à la foule pour se porter plutôt chez un marchand que chez un autre qui vend d'aussi bons articles et à juste prix... On loue fort cher un local ; on y dépense en embellissemens la somme qui aurait suffit autrefois en marchandises ; on se meuble largement et à crédit pour en imposer aux fabricans et au public ; et... l'on réussi ou l'on culbute ; mais on a fait *mousser* son affaire... et on a enfoncé ses voisins ou l'on s'est enfoncé soi-même...

On voit donc évidemment que la première des cinq causes générales, joue encore un grand rôle dans celle-ci comme dans les autres.

De *l'exhorbitance des contributions* découle une infinité d'effets désastreux, ainsi que nous l'avons déjà exprimé dans les paragraphes qui suivent le titre de cette cause générale : mais nous devons sur ce chapitre, expliquer toute notre pensée sur la nature des contributions.

Dans cette matière, comme en toutes choses, il faudrait simplifier au lieu de compliquer. (*) Toute contribution dont la perception est vexatrice ou qui entraîne dans des frais considérables est vicieuse et ne doit pas être établie. Il en est de même de celle qui n'atteint pas toutes les classes, *sans exception*, de la société.

Le gouvernement, comme le législateur, doi-

____

(*) Plus les lois sont simples mieux elles sont comprises par tous, et mieux elles sont exécutés. Il en est de même des contributions et surtout de la manière de les asseoir.

vent éviter toute loi qui place les administrés entre leur conscience et leurs intérêts , ou la démoralisation est portée dans tous les rangs de la société…. Les contributions indirectes donnent presque toujours ces dangéreux résultats. Ils doivent aussi éviter toute contributions indirectes qui offrent par des chances plus ou moins heureuses, des appas ou aux joueurs d'habitude ou aux joueurs par circonstance, à ces malheureux qui sont entraînés à tenter la fortune dont ils réclament quelques faveurs , et souvent dans des vues très-louables.

Telles sont la *loterie*, les *maisons de jeu* et les *filles publiques*, contre lesquelles tous les gens de bien se récrient, qui présentent de si funestes résultats à ceux qui cédent à l'appas de ces horribles institutions et aux attraits fanés des filles publiques… et qui offrent de dégoutans tableaux à tous les membres de la société qui tiennent encore à la morale publique.

Non, ces maux ne sont pas nécessaires, ainsi que l'on dit des hommes, distingués cependant ; mais égarés par leurs illusions en économie politique et en matière de finances, *parce que le bien qui résulte des maux n'est que relatif et non absolu.*

Toute contribution qui porte à la démoralisation doit être repoussée , quelqu'objections qu'on
puisse faire, et certes rien ne démoralise tant la
société que la loterie (telle qu'elle existe), les
maisons de jeux et les filles publiques.

Que disent les auteurs et les défenseurs de ces
fatales institutions?... Ils prétendent que tous les
individus aiment à jouer... et qu'ils porteraient
leurs écus aux loteries étrangères... Cela est aisé à
dire, mais difficile à exécuter. Oui , généralement
chez tous les peuples civilisés ou sauvages, on
aime à jouer, à boire, à faire l'amour ; mais n'a-
t-on pas des moyens de modérer les passions,
comme on en a pour punir les crimes ? Les lois
doivent encore plus chercher à prévenir les crimes
qu'à les punir. Eh ! qui peut les prévenir si ce
n'est la morale publique?... Parce que beaucoup
d'individus sauvages ou civilisés sont enclins au
vol, faudra-t-il établir des lieux de réunion pour
les voleurs ?... ou percevra-t-on un impôt sur leurs
rapines?... L'analogie est complete, et ne peut
être écartée sans blesser la raison.

Nous ne désirons rien d'impossible ; il n'y a que
les fous qui veulent l'impossible. Nous ne voulons
que *tout ce qui est humainement et raisonnable-
ment possible. Rien de plus.!...*

Faut-il absolument des loteries? En reconnait-on la nécessité absolue? Alors, qu'elles soient établies à l'instar de celles des Pays-Bas et de l'Allemagne; que ces loteries soient des tontines *ou tout le monde gagne*; le gouvernement, par un revenu positif et fixe, et les administrés joueurs, en proportions différentes, et en raison des chances d'un hasard borné; au moins dans ce genre de loterie il n'y a que des gens dupés, (et encore dans des bornes très-circonscrites), par la fortune et non par d'infernales combinaisons qui allèchent et trompent les quatre-vingt-dix-neuf centièmes des joueurs.

La loterie est un abus monstrueux, non pas comme loterie, puisqu'on prétend qu'il en faut ; mais à cause de ses combinaisons infernales et trompeuses, dont la multiplicité est tellement déguisée, que c'est un véritable labyrinthe dans lequel se perdent une infinité de *joueurs par passion*, de joueurs pas calcul, et de *joueurs par besoin*, et par espoir d'obtenir un mieux ou un changement heureux dans leur position malheureuse !... On connait les résultats funestes de ces trop nombreuses et trop cruelles déceptions arrivant tous les dix jours !...

Combien de fois n'a-t-on pas vu un père de famille soupirer en attendant les faveurs de l'aveugle fortune, et souvent pour payer son loyer !... pour retirer du mont-de-piété ses effets engagés, ou ceux de sa femme !... et plus d'une fois... pour pouvoir acheter du pain à ses enfans, mourant d'inanition !... ou pour leur procurer des secours médicaux !...

La fièvre du besoin permet-elle à l'homme de raisonner ?... de voir le gouffre dans lequel il se précipite... il est vrai que le père de famille et les siens n'ont plus d'existence puisqu'ils n'existent qu'à demi... et, dans leur fatale position, le plus grand bienfait que la Providence puisse leur donner, n'est-ce pas de leur envoyer, pour dernière consolation... la mort ?...

Chez les peuples non civilisés, que nous appelons sauvages, barbares, voit-on de plus affreux tableaux ?... NON.

Faut-il absolument des maisons de jeux ? si ce mal est jugé nécessaire par la majorité, il faut bien le tolérer, mais au moins que les enjeux soient fortement limités, et l'on arrêtera la ruine et le désespoir des familles, et les suicides, résultats de ces monstrueux établissemens. Pourquoi alors n'établirait-on pas aussi des maisons de jeux d'adresse ? N'y aurait-il pas moins d'inconvéniens et plus d'avantages physiques et moraux ?

Faut-il absolument des filles publiques ? n'est-pas un paradoxe épouvantable que cette soi-disant nécessité, ces craintes non fondées ?... depuis qu'elles sont tolérées, y a-t-il moins de liberti-nage ? y a-t-il plus de bons ménages ? la morale publique y a-t elle gagné ? les mariages sont-ils devenus plus ou moins communs ? Dans les pays où ces femmes déhontées ne sont pas souffertes, y a-t-il moins de moralité et plus de libertinage que chez nous ?... Les femmes au moins n'y sont point confondues comme en France, et l'on n'y voit pas les femmes honnêtes traitées, bien ou mal, sur le même pied de liberté ou d'air sans gêne, qu'ici. Les jeunes gens surtout n'ont-ils pas l'air de croire que les femmes respectables ne méritent guère plus d'égards que les filles publi-ques ?... n'ont-ils pas pris, au lieu de l'ancienne urbanité, de cette politesse, de cette galanterie française, ce ton sans gêne qui révolte tout homme pensant, habitué aux convenances sociales, et qui sait apprécier la distance énorme qui sépare le vice d'avec la vertu...

Les choses restant ainsi, la mère respectable qui sort de chez elle avec ses demoiselles, pour aller se reposer des travaux de la journée, et respirer l'air extérieur, ne peut faire un pas sur la rue, sans rencontrer des filles et leurs amateurs, dont les propos et les gestes dégoûtans font rougir la pudeur des femmes honnêtes, révoltent les gens raisonnables et même ceux qui n'ont pas de rigidité pour les mœurs....(*)

Nos ancêtres qui toléraient aussi ces établissemens, parce qu'ils les croyaient nécessaires, au moins savaient assez se respecter, pour ne pas permettre la confusion des deux extrêmes, en fixant des lieux isolés pour la demeure des femmes de propriété commune.

Dans le siècle éclairé, que voyons-nous ? confusion dans les pensées, dans les choses, dans les finances, dans les institutions, dans la politique et même dans les rangs distingués, comme dans les classes abjectes de la société.

____

(*) Naguère n'a-t-on pas vu une femme honnête arrêtée sur la rue par des agens de police, comme fille publique, et conduite, malgré tous ses efforts, au corps-de-garde!..

Oui, nous osons le dire, avec cet esprit de vérité qui donne peut-être trop de véhémence à nos expressions, mais qui nous entraîne ; oui, ces causes particulières sont, comme les causes générales, encore des *abus aussi faciles à détruire que tout ce qui est facile à faire de bien*, si l'on voulait !

Mais ces établissemens de loterie, de maisons de jeux et de filles publiques, rapportent, nous dira-t-on, trente millions à l'état!.. Comment les remplacera-t-on ?

Trente millions d'écus sont-ils à comparer à trente milliards de maux que produit l'immoralité ?

Trente millions ne peuvent-ils donc pas se supporter en plus sur les contributions régulières ou directes ?

Cinq centimes en plus sur chaque kilogramme de toutes les denrées coloniales (les cotons en laine de qualités communes exceptés), ne fourniraient-ils pas, et au-delà, la déperdition de ces trente millions d'infâmes produits ?

Cette charge ne peserait-elle pas également sur *toutes les classes de la société? même sur celle aisée et très-aisée , qu'aucune contribution foncière ,*

mobilière et des patentes ne peuvent atteindre?....
Ici est une fraude dont on se réjouit, dont on se
targue même et malheureusement une fraude in-
destructible à Paris!.... à moins qu'on ne voulut
employer l'arbitraire.... nous voulons parler des
citoyens (et ils sont en assez grand nombre) qui
ont toute ou la presque totalité de leur fortune
en portefeuille....

Ne nous faisons pas illusion sur les mots ;
les mots n'ont de force qu'autant qu'ils se ratta-
chent aux actions. Combien d'actions sont blâ-
mables , tout en ayant des expressions qui les jus-
tifient.... et combien d'actions sont excusables
malgré les expressions qui y attachent le blâme!..
Nous pourrions faire ici une très-longue et très-cu-
rieuse dissertation ; mais nous l'abandonnons à la
sagacité de nos hauts et honorables lecteurs. Re-
venons seulement au mot arbitraire.

Nous osons soutenir, en principe d'intérêt général, qu'une mesure n'est point arbitraire,
malgré qu'elle le paraisse en nom, lorsquelle
force l'intérêt particulier à céder à l'intérêt
général.

Par exemple, pour cette classe de citoyens qui

possèdent leur fortune en portefeuille, la répartition ne peut les atteindre.... et elles ne pourrait
les atteindre que par une évaluation arbitraire de
leurs moyens. Nous le savons et nous pressentons
que beaucoup, par suite de l'égoïsme domina-
teur, échapperaient aux recherches des réparti-
teurs.

Eh bien! nous osons le dire pour l'exemple.
Nous avons été pendant 6 ans commissaires répar-
titeurs d'une des grandes ville de l'ancienne France,
et pour atteindre la classe que nous désignons,
nous avons en notre qualité, employé l'arbitraire....
et nous avions la main sur la conscience et toujours
dirigés par notre inflexible impartialité. Nous
avons agi arbitrairement, *parce que cela était
juste et dans l'intérêt général*. L'autorité supérieure convaincue que nous agissions avec justice,
a constamment repoussé les réclamations nombreuses qui lui étaient adressées, sous le prétexte
fallacieux qu'on n'avait jamais payé, en prouvant
aux réclamans que puisqu'ils étaient protégés par
l'état, comme les autres classes, ils devaient par-
ticiper également aux charges. Les réclamations
ont cessé, tout le monde a payé, et la répartition
a porté également sur tous.

Pourquoi ne ferait-on pas de même ?

N'emploie-t-on pas, dans cent occasions, surtout sous le rapport de la police, les moyens arbitraires ?

Les formalités ridicules pour les passeports, par exemple, ne sont-elles pas presque toujours arbitraires ? les mesures de police n'entravent-elles pas presque toujours la marche des affaires ? Une chose de la plus grande importance et très-pressante, nous appelle à une grande distance de chez nous. Eh bien! il faut que nous subissions l'arbitraire de ces mesures, mal ou pas assez raisonnées, si nous ne voulons pas être exposés à un plus grand arbitraire, et que nous sacrifions nos intérêts, souvent les plus chers, à des mesures qui ne nuisent qu'aux honnêtes gens; car les fripons savent très-bien les éluder presque toujours, et c'est ce que l'autorité devrait remarquer, si elle pouvait cesser d'envisager le côté financier de l'arbitraire... Tant de têtes qui paient le tribut de 2 fr.... tant de frais pour cette perception!.... le résultat pour l'état est-il en raison du mécontentement général ?

En désignant les causes de la misère publique,

nous ne pouvons indiquer de remèdes sur l'*im-moralité* et l'*égoïsme*. Ce n'est que par une action morale et continue de la part du gouvernement, de tous les dignitaires, de tous les administrateurs, de tous les fonctionnaires et de tous les citoyens qui ont de l'âme, qu'on pourra voir disparaître en grande partie ces deux fléaux de la société.

Pour l'*usure*, nous réclamerions aussi l'action morale si l'action de la loi n'était pas plus péremptoire ; c'est l'affaire de messieurs les procureurs-généraux, et nous n'avons rien à leur tracer, seulement qu'à les prier de soulever quelquefois le rideau métallique qui cache ce vice social et ils verront qu'il y a de la besogne.

Pour l'*excès dans le prix des loyers*, nous croyons indiquer un moyen, et le seul qui nous ait paru propre à atteindre ce but possible.

Si on nous parlait d'arbitraire, d'abord nous renverrions aux explications que nous avons données en traitant des contributions ; ensuite nous dirions : « L'Etat n'agira jamais plus arbitrairement que » ne le font les propriétaires en général envers » leurs locataires...... » Dans beaucoup de maisons, c'est un despotisme propriétairial que l'on admirerait si l'on pouvait admirer le despotisme., qui a une figure toujours hideuse et qui révolte toute âme qui pense et qui a de la dignité.

Il est encore un *arbitraire frauduleux* qui tourne au seul profit des propriétaires et au détriment des pauvres locataires et du pauvre trésor public (ces derniers ne sont-ils pas presque toujours en déficit ?...), et qui n'est pas assez apprécié, s'il est assez connu. C'est le système des *Pots-de-vins!*... Avec ce système, les locations restent *les mêmes en apparence* pour les contributions et sont *doublées en réalité* pour les locataires, auxquels les despotiques propriétaires font souscrire des billets annuels pour la différence entre la location connue et la location inconnue à la répartition.... Il faut bien que les locataires souscrivent à cet arbitraire, ou point de locations, ou congés... Nous le démandons, là, la main sur la conscience et en qualité d'anciens propriétaires, est-ce, ou n'est-ce pas de l'arbitraire?

Eh bien! par droit de réciprocité, par droit de justice indirecte (ne pouvant atteindre le moyen direct) par droit de surveillance paternelle, le gouvernement n'agirait-il pas équitablement en n'accordant aucun dégrèvement pour les locaux non loués?....

Et pour parvenir à forcer les propriétaires à une équitable modération, ne serait-il pas conséquent de doubler la contribution des locaux vacans dans le centre de la Capitale et dans un cercle qu'il serait juste de tracer?

Nos observations ne seront peut-être pas appréciées de prime-abord; mais elles sont dignes de fixer l'attention du législateur et du gouvernement, et demandent une profonde réflexion comme tous les sujets, surtout de grande administration.

Nous nous sommes assez expliqués sur l'*exhorbitance des contributions*. Dans l'état actuel des choses, daus un moment où un déficit énorme est indiqué; dans les circonstances bizarres du présent, où la politique est embrouillée à un haut dégré et où le temps est gros de l'avenir, il faut bien de la prudence pour agir sans secousses, sans froissemens dangereux, afin de maintenir le crédit public. Aussi nous nous bornons à supplier les législateurs de la France à rechercher les moyens de bien asseoir les contributions si elles ne peuvent être diminuées, tout en affirmant que la prospérité du royaume croîtra en raison directe de la diminution des charges de l'Etat, et c'est ce qu'il faut répéter à satiété.

. En traitant les causes particulières dérivant des causes générales, nous avons indiqué les remèdes.

Nous avons encore une cause particulière à indiquer comme contribuant d'une manière trèssensible à la misère publique, et certes nous ne pensons pas qu'on puisse croire qu'un objet créé pour la prospérité publique produise un tel résultat.... Ce sont les effets secondaires de l'établissement des *Banques.* Ceci mérite encore attention et réflexion.

En 1815 et 1816, nous exprimâmes verbalement et dans nos opuscules sur les abus et sur la misère publique, ce que nous pressentîmes de l'établissement des banques. Les résultats n'ont que trop justifié nos prévisions. Nous nous expliquons :

Les banques, comme établissemens nouveaux pour la France et les Pays-Bas, faisaient présumer 1° des avantages directs et immenses pour le haut commerce, 2° des avantages indirects et marquáns pour le petit commerce, ou commerce de détail. N'est-ce pas le but que se proposaient les fondateurs de ces grands établissemens? Est-il rempli? Oui, à demi. Non, en entier.

A quelles classes servent les banques? Aux banquiers et aux capitalistes.... Point à d'autres, ou ce sont des exceptions, et des exceptions ne sont pas des règles.

Les banques accordent-elles leur crédit à la considération publique ou à la fortune? N'est-ce pas à la fortune seule? Ainsi les premiers usuriers du monde, pour ne pas dire plus, ont leur crédit consolidé dans les banques! Les favoris des banques se divisent donc en deux classes... La première est utile sans doute au haut commerce et, quelquefois exceptionnellement, aux commerçans du second et du troisième ordre. La seconde n'est utile qu'à elle-même, et c'est celle-là qui, par les intérêts élevés qu'elle perçoit, arrachent en peu d'années les capitaux au petit commerce pour les accumuler dans ses coffres.... En effet, les grands banquiers ont les fonds de la banque à 4 et 4 1/2 pour cent. Ils les placent ou les emploient de 5 à 6 pour cent, rien que de raisonnable et de loyal dans ces opérations; mais combien de ces banquiers secondaires et de ces petits capitalistes aussi usuriers, viennent prendre les fonds de la Banque à ce taux de 4 et 4 1/2 pour cent, et les répandent dans le petit commerce au modeste intérêt de 3/4, 4/4, et même 6/4 pour cent par mois !!... La banque qui est si active pour s'assurer de la solidité des endosseurs , pour les rejeter s'ils ne lui semblent pas bons, ne devrait-elle pas repousser les lamproies ormivores qui font un trafic usuraire de leur crédit à la banque. Cela est aussi facile à connaître que la solidité des endosseurs,

Conçoit-on actuellement et facilement qu'un de ces favoris, qui a seulement un crédit de 500,000 fr., se fait au lieu de 25 à 30,000 de rentes légales (non compris la commission et les fractions de mois pour les intérêts qui augmentent d'un 6e ce revenu) un *modeste* revenu de 50 à 80,000 fr. ?

Ne voit-on donc pas que cet excès de 20 à 50,000 fr. de rente.... est alimenté et fourni par les économies de cinquante ou cent petits marchands, qui se ruinent pour faire honneur à leurs affaires et pour engraisser la classe usurière?...

Que l'on juge maintenant quelle rapide fortune peuvent et doivent faire ceux qui prêtent à 2, 3, 4 et 5 pour cent par mois !...

Nous le disons encore comme vérité, tant que

les banques n'auront pas de succursales pour ouvrir des crédits aux petits marchands et aux artistes honnêtes qui présentent des garanties réelles, *on verra, et bientôt, les fortunes de cent mille familles disparaître pour élever celle de mille favoris des banques !....*

Cette cause particulière n'est-elle pas la sœur cadette de la quatrième cause générale que nous avons traitée plus haut? Ne tend-elle pas au même but? N'aura-t-elle pas les mêmes résultats?

Tout établissement (excepté les canaux, les sas ou écluses et les ponts, qui exigent d'immenses travaux et de grandes avances de capitaux) auquel le gouvernement concède un privilége ou monopole quelconque, est toujours contraire aux intérêts de la généralité. *Privilége* et *Monopole,* pour lesquels l'histoire de tous les siècles nous offre tant de réclamations, de soulèvemens et de révolutions, présentent deux expressions synonimes qui ne devraient jamais figurer dans les actes qui émanent d'un gouvernement constitutionnel. Elles sont de l'essence seule des gouvernemens despotiques.

Si des banques secondaires existaient, croit-on que les faillites, dans le petit commerce, seraient aussi nombreuses?.... Non; car si les fripons faillissent les mains pleines, une infinité d'honnêtes gens sont obligés de faillir les mains vuides, mais avec beaucoup de ressources paralysées!... C'est encore une vérité que nous soumettons à la sagacité des Députés de la France.

C'est à ces mêmes époques que nous prédîmes dans nos articles sur la misère publique, qu'encore un peu de temps on rencontrerait sur les rues un homme aisé et un malheureux!.... Cette proportion est-elle naturelle? N'est-elle pas épouvantable ?... L'idée seule de la possibilité vers laquelle nous marchons, fait mal....

Hommes sages, hommes d'honneur de toutes les opinions, réunissez-vous à un seul centre et faites disparaître toutes ces causes de la misère publique, pour que son excès ne nous rejette pas dans un nouveau cahos.... dans un nouvel océan de tempêtes et de révolutions.....

C'est aux mêmes époques que nous traitâmes largement la question des abus dans un opuscule que nous fîmes paraître, ayant pour titre : *Abus anciens! Abus nouveaux! Toujours abus!* et *pourquoi?*

Entr'autres choses nous y disions : « Il faut bien

» que nous, (administrés) êtres passifs, usions du
» seul droit d'activité qui nous reste en blâmant ce
» qui nous nuit et en applaudissant à ce qui nous
» est utile. Le blâme est toujours juste comme
» l'applaudissement, quand il est fondé sur des
» faits ou sur des actions. »

M. *De la Platière*, dans ses remarques sur le discours immortel de *Rivarol* (discours qui, couronné à l'académie de Berlin en 1783, a donné tant de dignité à la langue française en prouvant et en augmentant son universalité) n'a-t-il pas parlé avec justesse en disant « Un abus est bien
» fort quand on a si long-temps raison contre
» lui. »

Et nous, parlerons-nous avec moins de justesse en disant que tous les abus peuvent se détruire si l'on veut s'entendre et se soumettre au seul empire de la raison qui est toujours égale pour tous ; mais qu'il faut bien se garder de les remplacer par d'autres ?

En toutes choses la raison n'indique-t-elle pas un mieux possible ? Pour y parvenir, faut-il autre chose que de l'unité dans les opinions ; de la réflexion mûrement examinée pour se sauver de l'influence des illusions, de l'impartialité et une volonté absolue de travailler pour le bien général?... Est-ce donc si difficile?.....

Avec de la franchise raisonnée on peut tout faire pour le bien public. Avec de la politique, rien de bon. La ligne droite est la plus courte et la plus sûre...

Indiquer les abus qui existent, provoquer leur destruction, stimuler pour obtenir des lois qui rétablissent la morale publique ébranlée dans toutes ses bases, des lois qui contribuent au *bonheur de tous*, serait-ce être en opposition avec les principes d'ordre, de raison et de justice que tout gouvernement paternel doit désirer?..... Le gouvernement paternel ne doit-il pas étendre sa sollicitude sur tous ses enfans? Ne doit-il pas être convaincu que le moteur des abus est seul opposant et souvent par système d'opposition occulte? Et lorsque la majorité lui présente le miroir réflecteur de cette vérité qui ne peut jamais tromper? Pourrait-il douter, pourrait-il nier, pourrait-il méconnaître les moyens que peuvent produire la prospérité publique?..... NON !

Que pourrions-nous dire de plus aujourd'hui ? RIEN ! que d'insister et de prier pour UN MIEUX POSSIBLE !....

C'est ce que nous attendons, ô Députés de la belle France, et de la sagesse de vos délibérations et de votre influence près du Souverain !

Le temps nous presse de tous côtés ; les circonstances grossissent et s'accumulent comme les vagues de la mer agitée ; et nous regrettons de ne pouvoir donner plus d'extension à l'élaboration de nos idées sur toutes les affaires publiques.

Avant de clore, exprimons encore un vœu : puissions-nous voir disparaître les distinctions de flanc droite et de flanc gauche du corps électif pour n'y voir que le carré sacré.... qu'une masse centralisée et confondue pour défendre et maintenir les droits de tous, du *Souverain* comme du *Peuple*.

Et ce point national si majeur existerait peut-être promptement si la chambre se décidait à fixer, dans son règlement, le tirage au sort des places des députés à l'ouverture de chaque session....

Ne serait-ce pas le seul moyen raisonnable et possible de faire disparaitre cette espèce de ligue de démarcation qui ne devrait pas exister entre les enfans d'une même famille.... ces quolibets

inconvenans, ces applications déplacées, ces per-
sonnalités inutiles ; et le seul moyen pour opérer
la fusion complète des opinions divergentes, pour
n'obtenir qu'une opinion toute française et pour
toutes les parties de la France !...

Nous attendons avec espérance et respectueu-
sement tout de vos nobles travaux.

ENTHEAUME, ancien magistrat.

Paris, 22 mars 1828.

N. B. Au moment où nos observations gémissent sous la presse, comme les cris de la misère
publique gémissent sous le poids écrasant des
circonstances présentes, nous voyons avec consolation la pétition de M. *Reboulleau*, sur laquelle
M. *Lafitte* a fait un rapport très-bien raisonné :
mais nous devons observer à l'honorable député
que les recherches qui ont été faites, dont il parle,
sont justes seulement pour le taux de l'intérêt,
qui n'est réellement que de 12 pour cent par an ;
mais inexactes pour la perception, et que les calculs de M. *Reboulleau* et nos assertions sont
justes.

Nous nous permettons d'observer à l'honorable député, qu'en convenant avec lui et beaucoup d'autres hommes sages et éclairés, qu'il est des suppressions de chose d'abus dangéreuses, si elles ne sont pas opérées lentement et avec mesure, nous ne pouvons dire (malgré notre répugnance invincible pour tout ce qui est loterie, jeu, agiotage) etc.; que le jeu soit immoral, et les joueurs coupables, lorsque ces derniers jouent avec modération et comme objet de dissipation, de distraction ou d'espèce d'activité, puisqu'il est reconnu que tous les peuples civilisés ou non, aiment à la fureur le jeu, le pari, le boire, la chasse, etc., et souvent à l'excès...

Le Français n'a-t-il pas la passion du duel, l'Anglais du boxage, le Hollandais du tabac et de l'exercice du couteau, l'Espagnol et l'Italien du stylet; l'Allemand de la chasse; le Suisse, le Russe, et les autres peuples du nord, de l'exercice de la bouteille; les habitans des îles de la mer Pacifique, de prostituer aux étrangers leurs femmes et leurs filles, etc., etc.?

Non, jamais on ne pourra empêcher le développement et l'action des passions humaines, pas plus qu'on ne parviendra à faire écouter le langage de la raison, à l'homme qui ne veut pas l'entendre, lors même qu'il y a intérêt... On ne peut espérer que de modérer cette action par de sages lois et par la morale publique en action surtout et non en paroles.

Or, si ce mal est reconnu d'une destruction impossible, il faut bien, du moment qu'il y a jeu, que les uns gagnent ce que les autres perdent.

Les législateurs et les gouvernans ne peuvent donc prendre que des mesures pour tempérer l'action des passions et la limiter dans des cercles aussi réservés que possibles. Diminuer de beaucoup les dangers et les conséquences des résultats, voilà tout le possible, du moins le pensons-nous ainsi.

Que M. *De Chabrol* nous permette aussi de lui observer qu'il a présenté son *opinion pour une vérité* (et il y a une grande distance entre ces deux expressions), en disant : » *mais je dois insister* » *sur une vérité trop facile à comprendre, c'est que* » *la société est bien obligée de tolérer un mal qu'elle* » *n'a aucun moyen d'empêcher. Je dirai plus,* » *c'est que les abus qu'on vous a signalés sont* » *peut-être nécessaires pour prévenir des maux* » *beaucoup plus déplorables.* »

L'honorable Député a-t-il assez réfléchi la va-
leur des expressions?.... C'est cependant un point
bien important, surtout en matière de législation.

Ne s'est-il pas fait illusion en disant qu'on était
obligé de tolérer un mal?

On doit souffrir un mal qu'on ne peut empêcher, comme on souffre les ouragans, les tempêtes, les tremblemens de terre, les éruptions des
volcans, les inondations et autres événemens au-
dessus des forces humaines, même les résultats
de mauvaises combinaisons politiques; mais *il
dépend de la société*, dont la volonté a plus d'amp-
titude que celle de l'homme isolé, *de détruire ce
qu'elle tolère.*

Tolérer, annonce une action sur une chose
passive que l'on rend active. Donc cette action
peut toujours avoir lieu et se répéter dès qu'il y
a volonté.

Nous oserons encore observer à l'honorable
Député, que dans nos observations et réflexions
sur la loi fondamentale du Royaume des Pays-Bas,
nous avons dit : « *La réflexion même demande
de la réflexion,* » et que s'il eût suivi ce principe exact, il n'aurait pas pu dire que *les abus
sont nécessaires pour prévenir des maux plus*

déplorables : car , en système de gouvernement, qu'est-ce qui produit les maux ? Ne sont-ce pas les abus ? Or comment des abus peuvent-ils être nécessaires ? Or, comment la suppression des abus pourrait-elle produire des maux ?... et des maux plus grands ou plus déplorables ?

L'expression *déplorable* a dû aussi fixer l'attention, surtout dans des circonstances où les oreilles susceptibles en ont été frappées !

Les abus sont les causes : les maux sont les effets. Or, en détruisant les abus, ne fait-on pas disparaître aussi les maux ?...

L'ordre cesse où les abus commencent : l'ordre renait où les abus meurent.

De plus, l'honorable député convient, en parlant du *mont-de-piété*, que *si l'intérêt était réduit à 9 pour cent, les dépenses pourrraient encore être couvertes* ; mais les hospices perdraient les secours qu'il ont reçus jusqu'à présent du mont-de-piété. Emparons-nous de cet aveu, et montrons encore un coin du tableau des graves erreurs et des misères humaines....

Quoi ! un établissement, tel qu'un mont-de-

piété, fondé uniquement pour secourir les infor-
tunés, est au 19ᵉ siècle, destiné à donner des secours aux malheureux?... Quoi! ce n'est pas la richesse, l'aisance qui viennent soulager le malheur?
Quoi! c'est la misère qui doit s'alimenter elle-
même ?.... Erreurs funestes de l'administration,
ne frappez-vous pas tous les esprits qui peuvent et
veulent réfléchir ?... n'est-ce pas là encore un
monstrueux abus? N'a-t-on donc pas cent moyens
de provoquer la bienfaisance de la richesse pour,
de son superflu, secourir les hospices?... Peut-on
donc être étonné, si la population des hospices peut
quadrupler, lorsque l'administration employe tous
les moyens pour *favoriser*, ou plutôt produire
cette malheureuse population ?...

N'y a-t-il pas encore ici fortement à réfléchir?
nos assertions ne paraîtront-elles pas *conséquentes* à
tous ceux qui raisonnent logiquement? Ne le seront-
elles pas comme les calculs curieux, frappans et fort
de justesse, présentés à la chambre par l'honorable
député M. Dupin, ont paru conséquens? Leur
conséquence péremptoire n'a-t-elle pas produit
des mouvemens d'attention, de vive sensation et
d'approbation, tant l'empire de la sévère raison a
de puissance sur les *hommes qui veulent réfléchir* ?..

4

Que les améliorations soient lentes, se fassent graduellement, bien, très-bien : c'est l'opinion de tous les hommes sages et éclairés ; mais la vérité *c'est que la société peut exister sans abus* si l'on voulait. Nous le disons de conviction et la main, là, sur la conscience.

Espérons que toutes les opinions se réuniront pour détruire les abus et les maux, afin que la belle France ne présente plus rien de déplorable. Voilà notre vœu le plus prononcé, et nous le déposons dans le temple des lois, ainsi qu'aux pieds du trône.

Il est encore une cause particulière de la misère publique que nous sommes étonnés d'avoir omis, parce qu'elle nous a toujours occupé : c'est l'excès de l'*industrie artificielle* qui paralyse et qui tue l'*industrie naturelle*... L'industrie artificielle établi une concurrence qui nuit à la généralité de la population et se nuit à elle-même : Elle provoque, il est vrai, la consommation ; mais elle pousse au luxe les classes inférieures, et l'excès du luxe produit la gêne et la misère. Il appartient encore à la haute administration, de donner une direction convenable et appropriée aux besoins et à l'ordre de la société, pour arrêter les déviations si fatales à la prospérité de tous.

Où les bras peuvent servir de mécanique, il faut les employer; car les mécaniques qui les remplacent, font promptement, dans un état comme la France, un million de malheureux. On doit réfléchir ici, que nous sommes loin de guerroyer contre les mécaniques qui remplacent les efforts des forces humaines multipliées; celles-ci sont aussi utiles que les autres sont pernicieuses.

Nous le répétons, de conscience et de conviction, tout arbitraire qui a pour but absolu l'intérêt général, la prospérité de tous , est de toute justice , et sans arbitraire, que nous nommons justice paternelle, il n'y aura que prédomination des intérêts particuliers.

E.

9 782014 087161